AF324473

PANÉGYRIQUE

DE

SAINT ROCH

PRONONCÉ

A MONTPELLIER EN L'ÉGLISE DE SAINT-ROCH

PAR M. L'ABBÉ PRACHT

Le 16 Août 1888

ET IMPRIMÉ PAR LES SOINS DE MESSIEURS LES MARGUILLIERS
DE LA PAROISSE

—◦◦◦—

MONTPELLIER

IMPRIMERIE GROLLIER ET FILS, BOULEVARD DU PEYROU, 7 ET 9

1888

PANÉGYRIQUE

DE

SAINT ROCH

----- ◦ -----

« *Amavit eum Dominus et ornavit eum, stolam gloriæ induit eum et ad portas paradisi coronavit eum.* »

Dieu l'a aimé ; il l'a orné, il l'a revêtu d'une robe de gloire et il l'a couronné sur le seuil du paradis (1).

MES FRÈRES,

Telles sont les paroles que l'Église place sur les lèvres de ses prêtres et de ses pontifes, quand il s'agit de célébrer les grandeurs de ceux qui ont confessé la foi par leurs vertus et par leurs œuvres. Comme une abeille industrieuse, elle a recueilli elle-même ces expressions parmi les fleurs embaumées de nos livres saints (2) et, en confondant leur parfum, nous dit saint Bonaventure (3), elle en a fait un miel suave, dont le Psalmiste avait savouré la douceur (4). Plus tranchante que le glaive (5), plus dévorante que le feu (6), la parole de Dieu porte encore lumière avec elle (7). C'est à la clarté de cette lumière sainte que je veux vous

---

(1) De l'office du commun d'un Confesseur non pontife.

(2) Voici les textes de nos livres saints, dont l'Église s'est inspirée :

« *et amavit eos* », DEUT., X, 15 ; « *et ornavi te ornamento* », EZECH., XVI, 11 ; « *et stolâ gloriæ vestiet illum* », ECCL., XVI, 27 ; ou encore : « *stolam gloriæ indues eam* », ECCL., VI, 32.

(3) Opusc.

(4) « *Quam dulcia faucibus meis eloquia tua; super mel ori meo.* » Ps. CXVIII, 103.

(5) « *Vivus est enim sermo Dei, et efficax et penetrabilior omni gladio ancipiti.* » HEBR., IV, 12.

(6) « *Ignitum eloquium tuum vehementer...* » Ps. CXVIII. 140.

(7) « *Lucerna pedibus meis verbum tuum et lumen semitis meis...* » Ps. CXVIII, 105.

présenter l'éloge de saint Roch, votre glorieux patron ; c'est à travers ce prisme divin que nous allons essayer de décomposer son image. Je me propose donc de vous dire :

1° Combien Dieu a aimé Roch, en lui donnant la vocation de pèlerin, *amavit eum Dominus;*

2° Comment il l'a orné de vertus pour le rendre digne de sa mission, *et ornavit eum;*

3° Comment il l'a revêtu de gloire dans l'exercice de ses œuvres, *stolam gloriæ induit eum;*

4° De quel privilège il l'a couronné sur le seuil du paradis, *et ad portas paradisi coronavit eum;*

En d'autres termes, je veux essayer de vous montrer :

Que la vocation de saint Roch est un chef-d'œuvre de l'amour de Dieu ;

Que ses vertus sont un ornement de la grâce ;

Que ses œuvres sont un vêtement de gloire ;

Et que le privilège qu'il a reçu de Dieu, en mourant, est sa plus belle couronne.

Confions cet éloge à la grâce du Saint Esprit et à l'intercession de la Vierge Marie.

I

Amavit eum Dominus.
Le Seigneur l'a aimé.

Pour vous montrer, mes Frères, comment Dieu a aimé Roch, en lui donnant la vocation de pèlerin, — pour expliquer un genre de vie qui a paru si étrange aux hommes de notre siècle, — pour justifier l'Église qui l'a inspiré et pour réhabiliter le caractère du jeune homme qui en a suivi les attraits, il suffit de connaître le milieu où cette vocation s'est produite.

« A toutes les grandes époques de l'histoire, a dit un auteur célèbre, les hommes ont eu pour principe universel d'action un *enthousiasme quelconque...* » (1).

---

(1) De Staël, *l'Allemagne....* « Le désir de civiliser la terre fonda les temps héroïques ; l'amour de la patrie fit la gloire de l'antiquité ; la chevalerie fut la religion guerrière de l'Europe, et quand l'empire de la société dans le grand monde eut emporté les vertus de la chevalerie, les peuples se laissèrent entraîner par l'amour de la liberté. »

Il y a, en effet, au sein de l'humanité amoindrie par sa blessure origi-
nelle les restes d'une grandeur qui accuse un travail divin. Tout homme
porte en germe l'amour inné du beau, l'élévation naturelle de l'âme, la
jouissance du dévouement. Réunies dans le même sentiment, ces grandes choses s'appellent *l'enthousiasme*, c'est-à-dire Dieu en nous.

Roch vint au monde à cette époque de l'histoire où l'enthousiasme
des peuples avait trouvé son expression dans la chevalerie.

La chevalerie, vous le savez, mes Frères, est née du culte d'honneur
et de respect que l'homme avait voué à toutes les faiblesses et en particulier à la femme, à cause des services qu'il en recevait.

Ce sentiment de reconnaissance l'éleva jusqu'à un degré d'exaltation
qui le rendit souvent capable de grandes actions. Loyauté, générosité,
honneur et grandeur d'âme, soutien de l'orphelin, protection de la
veuve, appui de la femme, amour de l'Église, enthousiasme du bien et
du beau, le chevalier portait ces nobles devises dans les plis de son dra-
peau, il composait avec elles les pages glorieuses de son histoire.

> Il devait à travers le monde
> Suivre, chasser le crime immonde,
> Vaincre l'injustice en tous lieux,
> Après mille et mille batailles
> Garder son épée sans entailles,
> Aussi bien que le glaive de Dieu (1).

On le rencontrait quelquefois loin de son pays, guerroyant contre les
mécréants, appelant en champ clos tous ceux qui se piquaient de quelque valeur; en quête de prouesses, pour le seul plaisir qu'il avait d'ap-
porter ces palmes de l'honneur à la Dame de ses pensées.

Tant que ces sentiments naturels furent contenus dans de justes
limites, tant qu'ils furent, pour ainsi dire, comme le trop plein d'un cœur
qui dépensait sa flamme en actions héroïques, ils reçurent la consécration et les bénédictions de l'Église.

Mais, lorsque les imaginations énervées par une poésie molle et
licencieuse, égarées par la lecture des fabliaux et des romans, s'ouvri-
rent aux impressions légères et malsaines, — quand Roland et Bayard
ne furent plus que Dom Quichotte, l'Église, pour réformer ces abus,

---

(1) Henri de Bornier : *La Fille de Roland.*

se garda bien d'étouffer dans le cœur de l'homme l'amour des entreprises généreuses, l'enthousiasme du bien et du beau, ce fonds de nobles sentiments qui avait honoré les beaux jours de la chevalerie : elle donna le change au délire chevaleresque ; elle entreprit de tourner cette exaltation vers un but chrétien, et à la chevalerie de l'honneur tombant en désuétude, elle substitua celle de la vertu.

Ceux-là furent vraiment les chevaliers de la vertu qui, sans répudier l'honneur, gardant intacte la flamme du dévouement et de l'héroïsme, estimèrent avec l'Église qu'il valait mieux dépenser pour le Christ le trop plein de son âme plutôt que de chercher aventures pour sa dame, fût-elle riche, noble ou châtelaine. L'honneur, dont on faisait parade, on le risquait cent fois avant d'en fournir la preuve, et les couronnes qu'on lui décernait cachaient souvent plus d'une flétrissure. — *Au lieu du damoiseau, l'Église fit le pèlerin*, « le pèlerin du bon Dieu », comme on disait alors, c'est-à-dire cet homme à l'âme chevaleresque qui, dans l'exubérance de son dévouement et l'enthousiasme de sa foi, s'affranchissait des règles communes, recevait de l'Église elle-même le droit de se faire un roman de vertus, recommandé qu'il était par les saintes aspirations de son âme et par l'objet sacré qu'il poursuivait dans ses désirs.

Le pèlerin cherchait partout la trace du Christ. Il le ressuscitait dans ses souvenirs, mourant à Jérusalem ; il le reconnaissait, vivant encore à Rome dans la personne de son pontife, et c'est là de préférence qu'il aimait à porter ses pas. Le bonheur de retrouver les vestiges du divin Maître, de vénérer son image ou de baiser l'empreinte de ses pas était souvent la seule récompense de ses fatigues. Mais si active que fût cette recherche, si amoureux que fût cet embrassement, qui accusera Jésus-Christ d'avoir jamais compromis l'honneur ou la vertu des hommes ?

On les rencontrait donc ces paladins d'un ordre nouveau, pérégrinant à travers le monde, affrontant tous les dangers pour le Christ, dépensant pour lui seul tout le superflu de leur âme, mais s'arrêtant aussi en chemin pour mieux regarder le ciel, pour servir le pauvre et le malheureux, douce vision de Celui qu'ils cherchaient.

Que le monde se scandalise des pénitences et des austérités du vrai pèlerin, qu'il réserve son attendrissement pour le chevalier pénitent qui s'arrache un ongle ou se coupe un doigt pour expier les torts faits à sa dame ! j'estime qu'il est grand et beau pour l'Église d'avoir su détour-

ner de pareils sentiments au profit de Dieu et de la vertu, et j'honore
le pèlerin, non pour l'avoir toujours vu dans l'histoire sans défaillances
et sans reproches, mais parce que, se faisant une loi de suivre la trace
de Jésus-Christ, il compromettait moins son honneur et l'élevait plus
haut, en visant moins bas.

Dans la glorieuse lignée des pèlerins qui ont réalisé l'idéal de vertu
inspiré par l'Église, nous rencontrons au commencement du quator-
zième siècle un jeune homme, dont l'histoire a gardé le souvenir.
Montpellier se glorifie de lui avoir donné le jour, et lorsque, après cinq
siècles écoulés, on lui parle d'un chrétien qui naquit et mourut dans ses
murs, noble d'origine, plus noble encore de caractère, loyal, généreux,
ami des saintes entreprises, incapable de faillir à l'honneur et qui, pour
l'amour de Jésus-Christ, se fit pauvre pèlerin, son cœur porte aussitôt
sur ses lèvres le nom béni de Roch.

Mais ce que le monde ne comprendra jamais assez, c'est l'amour que
Dieu a témoigné à son serviteur, en le préservant de la contagion du
siècle et en lui mettant au cœur de hautes aspirations de vertus.

Lorsque le fils de Jean Roch vint au monde, Montpellier comptait
parmi ses nobles grand nombre d'aspirants à la chevalerie, fils de seigneurs ou de comtes, qui s'exerçaient au maniement des armes, rêvaient
des aventures lointaines et aspiraient après les bonnes grâces de quelque
reine de tournoi.

Prévenu par un amour particulier de son Dieu, Roch estima que
Jésus-Christ était seul digne de son cœur, seul capable de légitimer les
entreprises chevaleresques que sa nature ardente lui inspirait. Qui par-
lerait aujourd'hui de notre compatriote si, comme tant de jeunes gens
de son âge, il avait préféré la riche parure du damoiseau à la robe de
bure du pèlerin? qui songerait à célébrer sa mémoire, à invoquer son
nom, à imiter ses vertus?

O Roch, que j'aime à vous voir parmi les jeunes élégants de votre
siècle, modestement revêtu du froc du pèlerin, « un chapeau à larges
bords sur votre tête, une gourde sur les épaules, une panetière aux
côtés et un bâton à la main. » J'admire les desseins admirables de Dieu
sur vous et je bénis sa Providence pour l'amour qu'elle vous a témoigné,
en vous honorant de la vocation de pèlerin : *Amavit eum Dominus.*

II

Et ornavit eum.
Il l'a orné.

Lorsque Dieu prédestine un chrétien à faire honorer la vertu, il y travaille de longue main, il fait concourir à son but tous les événements; il utilise d'ordinaire les vertus sociales dont cette âme a respiré l'atmosphère; il ne méprise jamais ce que la famille et la patrie ont éveillé dans ce cœur de sentiments généreux; il en tempère quelquefois les excès, il en corrige les abus par le ministère de son Église, mais il rehausse toujours la nature, afin d'élever sa grâce sur de plus larges assises. Tel est le procédé divin.

Par les influences de la société, les traditions de sa famille et les tendances de son caractère, Roch devait être chevalier de l'honneur; mais Dieu qui, dans son amour, s'était plu à élever l'idéal de son serviteur jusqu'à la hauteur de la vertu et qui revendiquait pour son Christ les ardeurs chevaleresques de cette âme, se chargea, pour le préparer à sa mission, de l'embellir des trésors de sa grâce et de l'orner des dons de la vertu, *et ornavit eum.*

Ce travail d'ornementation a duré vingt ans; il a été réalisé dans les murs de notre cité, il fait partie de notre histoire locale, et si, parfois, nous nous prenons à regretter que le jeune Roch ait opéré de grandes œuvres loin de sa terre natale, souvenons-nous avec une légitime fierté que c'est ici qu'il en a trouvé la puissance, en acquérant les vertus qui les font accomplir. Heureuses les villes où passent les saints; plus heureuses celles qui les forment !!

Salut, noble et docte cité de nos pères, terre du dévouement, de l'honneur et de la foi, dégage encore de tous ces éléments de saints parfums qui nous exaltent, et, aujourd'hui comme autrefois, forme-nous des saints capables de guérir nos maux !

Quand l'Église bénissait un chevalier, elle ornait de la croix la poitrine du nouvel élu; ainsi Dieu bénit le petit Roch au jour de sa naissance : sur la poitrine et du côté gauche une croix rouge apparaît, incrustée dans la chair. C'est le signe, dit-on, d'une grande vocation...; c'est peut-être le sacre anticipé d'un chevalier de la vertu.... c'est au moins un ornement de la grâce.

Eh bien ! oui, cet enfant sera un jour chevalier de la vertu ; mais il s'y élèvera par les mêmes degrés que doit gravir le chevalier de l'honneur. Nous le verrons tour à tour page, écuyer, bachelier du Christ, et nous assisterons « à sa veillée aux armes » dans l'enceinte sacrée de l'antique Majesté de N.-D. des Tables.

Pour être *page* il suffisait, d'après les règlements de la chevalerie, d'être attaché au service d'un roi, d'un prince ou d'un seigneur. — Roch était attaché au service du grand Roi du ciel, du Maître des princes et des seigneurs de ce monde. Sa mère l'y avait voué avant sa naissance : « Sainte Vierge Marie, dit-elle un jour à N.-D., je te demande un fils, non pour qu'il augmente notre patrimoine, mais pour qu'il serve fidèlement Jésus-Christ. » Dieu entendit cette prière et, quand l'enfant vint au monde, il le revêtit lui-même de la livrée de ses serviteurs, en le marquant au côté du signe de la croix. Une piété ardente anima bientôt le jeune Roch. On le voyait souvent agenouillé dans l'église de Saint-Firmin ou dans la chapelle des Cordeliers, tenant compagnie à son Maître, passant auprès de lui de longues et douces heures. — Son père, avant de mourir, lui avait recommandé fidélité au Christ : « Sois toujours, lui dit-il, le serviteur dévoué de notre Rédempteur et Maître. »

Roch était donc attaché à la personne de Jésus-Christ. L'histoire ne nous a pas gardé le souvenir des pieuses industries et des saintes délicatesses qu'il mit à son service ; mais nous pouvons affirmer que jamais page ne fut plus attaché au service d'un roi par des liens plus sacrés : le vœu d'une mère, le choix du prince lui-même, l'inclination du cœur et la recommandation d'un père mourant.

Tels sont les priviléges dont Dieu orne les siens : *et ornavit cum.*

Quand le page était parvenu au rang d'*écuyer*, il portait les différentes pièces de l'armure : les gantelets, le heaume, le bouclier, il s'exerçait au maniement des armes et se préparait pour les combats de l'avenir.

L'apôtre saint Paul nous a laissé, dans son épitre aux Ephésiens (1), un traité d'escrime spirituelle : ceinture, cuirasse, bouclier, casque et chaussure, il nomme toutes ces pièces et en explique la valeur. Il apprend au chrétien à faire flamboyer l'épée, à combattre « contre les

---

(1) Eph., VI, 10-20.

principautés et les puissances, contre le prince des ténèbres, contre les esprits de malice répandus dans l'air (1). » Recevez, dit-il en finissant, l'armure du Christ « *accipite armaturam Dei* (2), » apprenez à la porter dignement et à vous en. servir dextrement, en un mot soyez parfait écuyer.

Et voilà que Roch se prépare au grand sacrifice, en s'exerçant à la pratique des vertus conseillées par le grand apôtre. On le trouve toujours humblement soumis aux enseignements de l'Église, — acceptant sans murmure les privations qu'elle impose à la chair, — embrassant, tout jeune encore, le tiers-ordre de saint François pour mieux satisfaire son amour de la pénitence. Voyez comme déjà sa charité déborde : il distribue aux malheureux les épargnes qu'il peut faire sur les achats de ses habits, visite les malades, console les orphelins, laisse tomber sur toutes les infortunes un rayon bienfaisant de son cœur. Lorsqu'un pèlerin traverse la ville, Roch vient à son devant, l'entoure de respect, l'accompagne à l'hospice du Saint-Esprit, l'interroge et recueille avec bonheur les détails qu'on lui donne sur Jérusalem et sur Rome. A l'école de la foi et de la charité, notre jeune écolier prélude à de plus grands sacrifices. Aimé du ciel et orné par son prince, il s'achemine lentement vers le but sacré de son enthousiasme chevaleresque.

Le voilà maintenant *bachelier*, c'est-à-dire bas chevalier, accomplissant les derniers exercices qui doivent mettre un terme à son noviciat. L'heure des grandes résolutions va bientôt venir. Roch saura s'inspirer des exemples de ses aïeux : *interroga majores tuos et dicent tibi* (3).

L'histoire raconte qu'il était d'usage dans les nobles familles de conserver avec piété les faits et gestes de ses ancêtres. On les reproduisait sur la toile avec un pinceau souvent peu exercé et on formait une galerie de famille. C'était le temple du souvenir. Là, s'entretenaient dans les âmes le culte des traditions, le sentiment du respect, l'amour des grandes choses.

---

(1) « *Quoniam non est nobis colluctatio adversus carnem et sanguinem, sed adversus principes et potestates, adversus mundi rectores tenebrarum harum, contra spiritualia nequitiæ, in cœlestibus.* » Eph., VI, 12.

(2) « *Accipite armaturam Dei ut possitis resistere in die malo et in omnibus perfecti stare.* » v. 13.

(3) Deut., XXXII, 7.

Quand un jeune homme était arrivé à cette heure solennelle où il fallait décider de l'avenir, son père le conduisait avec émotion dans ce sanctuaire. Mon fils, lui disait-il, regarde ! cet homme qui porte une épée, montrant sur sa poitrine les glorieuses récompenses de ses exploits, — et cet autre, entouré d'une auréole et tenant à la main la palme du martyre, — et cet autre encore, élevant une plume et inclinant sa tête sur un livre, ce sont là tes aïeux ! Ils furent capitaine ! martyr ! écrivain ! ils défendirent l'Église et la Patrie. Mon fils, sois digne de leurs exemples et jure en leur présence de rester fidèle à l'honneur, au devoir, à la vertu.

Roch, il s'agit maintenant de prendre une décision qui honore votre avenir. Vingt ans brillent sur votre front. La beauté, l'élégance des manières, la distinction du langage, rien ne vous manque pour devenir un brillant chevalier. Le crédit de votre famille vous assure un rang distingué à la cour du roi de Majorque. Héritier d'un grand nom et d'une grande fortune, les alliances illustres ne vous manqueront pas. L'heure est venue de prendre conseil de vos aïeux.

Interrogez cette femme qui porte sur son front la couronne de la terre et l'auréole du ciel, la noble Élisabeth de Hongrie, votre aïeule maternelle ; elle vous dira qu'il est digne d'un chrétien de porter secours aux malheureux, de baiser les plaies des pauvres malades.

Interrogez cet homme séraphique, dont les vertus ont déjà séduit votre jeunesse, votre père en J.-C., François d'Assise ; il vous dira qu'il est beau de vendre ses biens et d'embrasser pour le Christ Madame Pauvreté et sa sainte compagne la Pénitence.

Interrogez votre père, ce noble chrétien, en qui la vertu le disputait à l'honneur. Il vient de paraître devant son Dieu, mais il vous redit encore comme sur son lit de mort : « Mon fils, emploie en bonnes œuvres les trésors de nos aïeux. »

Roch prête l'oreille à ces conseils. Il prie et il médite. Depuis longtemps il a formé le projet d'aller visiter le tombeau des saints Apôtres, de suivre la trace du divin Maître ; rien maintenant ne pourra l'ébranler.

Mais sous cet enthousiasme religieux ne déguise-t-il pas quelque illusion de jeunesse ? Non, non, sa résolution, née de la foi, a mûri chaque jour dans l'exercice de la vertu. Point de réserves pour l'avenir. Il distribue aux pauvres tous les trésors de ses aïeux, triomphe des objections de son oncle, l'amiral de Majorque, se pourvoit de l'autorisation de l'évêque de Maguelonne, Jean-Raymond de Comminges, et vient enfin dans l'église de N.-D. des Tables faire « sa veillée aux armes. »

C'est le dernier soir que Roch passe dans notre ville, avant de recevoir avec les bénédictions de l'Église la consécration de ses résolutions chevaleresques, avant de s'acheminer en pèlerin vers l'Italie.

Entrez avec lui dans le sanctuaire de N.-D., pauvres du Christ qu'il a secourus, et vous, jeunes pages et écuyers, qui dans les relations de l'amitié avez senti passer sur votre âme un souffle de son cœur et priez le Seigneur de diriger ses pas « dans les sentiers de la paix, de le consoler dans la route, de l'abriter contre les frimas..... (1). »

Charlemagne, assistant un jour au départ d'un chevalier, crut entrevoir sur son jeune front quelque chose de Roland ; il s'écria aussitôt :

> « Barons, princes, inclinez-vous
> Devant celui qui part ; il est plus grand que nous ! (2) »

Respect au pèlerin ! N'est-il pas le chevalier et le héros de la vertu celui qui, pour mieux s'attacher au Christ, distribue aux pauvres toutes ses richesses, — abandonne sa patrie, sa famille, son brillant avenir, — laisse à la Providence le soin de le nourrir — et s'en va, un bâton à la main, acceptant par avance toutes les épreuves, résolu à soulager les misères qu'il rencontrera sur son chemin. Voilà l'homme que l'Église consacre ; voilà Roch, le pèlerin, le chevalier de la vertu !

Qu'importe pour l'honneur que le chevalier croise le fer en Orient ou en Occident, pourvu qu'il défende une noble cause et qu'il frappe sans peur !

Qu'importe à la vertu le théâtre de ses manifestations, pourvu qu'elle édifie le monde !

---

(1) Prière du pontifical romain.
(2) Henri de Bornier : *La fille de Roland.*

III

Stolam gloriæ induit eum.
Il l'a revêtu d'une robe de gloire.

Dans l'élan de sa foi et l'enthousiasme de sa charité, Roch a tout quitté pour le Christ ; il s'en va visiter le tombeau des saints Apôtres, déposer à leurs pieds le gage de son amour et de sa fidélité. L'espérance redouble ses forces ; son cœur palpite d'émotion à mesure qu'il approche du terme de son voyage. Mais voilà que Dieu l'arrête en chemin pour le recouvrir d'un vêtement de gloire : *Stolam gloriæ induit eum Dominus.*

Il s'agissait de montrer au monde que cet humble pèlerin n'était pas un chevalier d'aventure et que, sous le froc et la besace, une grande âme vibrait, capable de servir et de sauver les hommes. Il fallait que Roch eût un nom béni dans l'histoire, qu'il fît noble contenance devant le siècle le plus railleur et qu'il pût dire un jour comme le Christ : Si vous ne croyez pas à ma vocation, croyez au moins à mes œuvres (1).

A peine est-il entré dans la Toscane et a-t-il dépassé la ville de Sienne que des bruits sinistres arrivent jusqu'à lui : la peste a infecté tous les pays d'alentour ; Acquapendente surtout en a senti plus cruellement les atteintes. C'est là qu'il se dirige. Il ne rencontre sur ses pas que des moribonds à la face livide, des malades en délire, des convalescents sans énergie. Notre chevalier, en quête de prouesses pour l'honneur et l'amour de J.-C., ne pouvait fermer les yeux sur une pareille infortune. *Pèlerin,* il se fait *infirmier ;* avant de baiser le tombeau des saints apôtres, il veut servir et baiser Jésus-Christ dans ses membres souffrants. Il se rend aussitôt à l'hospice d'Acquapendente. En voyant apparaître ce jeune homme, d'un aspect si délicat, l'administrateur lui demande s'il ne craint pas de mourir : « J'ai appris, dit Roch, que les pestiférés étaient ici en grand nombre et que vous étiez seul à leur donner vos soins, c'est pourquoi je vous demande comme une faveur insigne la permission de les servir. »

Le voilà, M. F., cet infirmier de vingt et un ans, rivalisant de zèle avec les plus grands saints dans le tournoi pacifique de la charité chré-

---

(1) « *Non creditis quia ego in Patre... alioquin propter opera ipsa credite,* » Joan., XIV, 11.

tienne. Il dépense ses forces au service des pestiférés, se prodigue sans mesure, se multiplie auprès de chacun d'eux avec une patience invincible et une affection héroïque (1). Tous les malades se le disputent : c'est un ange, disent-ils, descendu du ciel sous les traits d'un mortel et, tandis qu'on veut le retenir et lui rendre honneur, Roch reprend son bâton de pèlerin, plus jaloux de faire aimer Jésus-Christ que de recueillir les hommages des hommes.

Bientôt on le retrouve à Césène, — puis à Rome, où il réalise des merveilles de dévouement ; l'expérience l'a déjà rendu savant dans l'art si délicat de soigner les pauvres malades. Sans se laisser rebuter ni par la fatigue et les privations qu'il endure, ni par les horreurs de la contagion grandissante, il quitte les hospices où son zèle est à l'étroit ; il descend dans les rues pour soutenir ceux qui s'affaissent, consoler ceux qui meurent, ensevelir les cadavres abandonnés. Puis il rentre dans les maisons, visite l'un après l'autre ces pauvres délaissés, les soigne avec intérêt, les guérit quelquefois, les reconforte toujours. —Garde-malade, infirmier, brancardier ou ambulancier, Roch a exercé ces nobles fonctions de la charité chrétienne, avant qu'elles eussent trouvé une expression dans notre langue. Et lorsque nous le voyons agenouillé devant le tombeau des saints Apôtres, après avoir suivi pour y arriver, non le chemin du plaisir, mais la route frayée par la peste, ne sommes-nous pas en droit de conclure que « ce pèlerin de Dieu » portait dans son âme des ardeurs chevaleresques ?

O Roch, modèle des infirmiers, patron de tous ceux qui, dans le sein de la famille, dans le rayon de l'amitié ou dans le cercle immense de la charité, sentent chaque jour le besoin de laisser tomber sur leurs pauvres malades quelque chose de leur cœur aimant, permettez-moi de vous honorer dans ce vêtement de gloire, dont le Seigneur a pris soin de vous revêtir. *Stolam gloriæ induit eum.*

Venez aussi, chrétiens, et, comme les enfants de Sion allaient autrefois visiter Salomon couronné de son diadème (2), venez voir aujourd'hui notre saint sur le théâtre de son activité. Qu'il est beau ce jeune

---

(1) « *Et... distribuero in cibos pauperum omnes facultates meas, et... tradidero corpus meum, ita ut ardeam.... charitas numquam excedit.* » I Cor., XIII, 3 et 8.

(2) « *Egredimini et videte, filiæ Sion, regem Salomonem in diademate, quo coronavit illum mater sua in die lætitiæ cordis ejus.* » Cant., III, 11.

infirmier ! *Egredimini et videte ;* approchez-vous et regardez. Qu'ils sont beaux ces yeux, ruisselant de larmes au chevet des pauvres malades ! qu'elles sont belles ces lèvres que l'amour a portées mille fois sur les plaies des pestiférés ! qu'ils sont beaux ces pieds qui ont évangélisé la charité dans le monde (1) ! mais qu'il est beau surtout cet esprit de dévouement et de sacrifice, qui a exprimé tant de douceur, de délicatesse et de suavité sur l'humanité souffrante ! Ah ! si l'esprit des Saints ne meurt jamais dans l'Église de Jésus-Christ, il fallait bien qu'un jour l'esprit de notre Saint portât son plus beau fruit dans la ville qui l'avait vu naître.

Après cinq siècles écoulés, un prêtre modeste, agenouillé devant le Saint Sacrement, méditait sur les misères et les besoins de l'humanité souffrante. Enfant de l'église de Montpellier, il sentit passer sur son âme comme un souffle de l'esprit de Roch : aussitôt il se met à l'œuvre ; il discipline les dévouements les plus obscurs, forme lui-même avant de mourir une légion d'infirmières et donne à l'Église la Congrégation des Sœurs Gardes-malade, cette Congrégation qui, malgré sa jeunesse, a déjà porté ses rameaux jusqu'aux extrémités de la France, et qui, assise à Rome, aux pieds du Souverain Pontife, a le droit d'être comptée parmi les plus vaillantes et les mieux disciplinées. — O Roch, le manteau de votre gloire n'a rien perdu de son éclat sur les épaules de vos Élisées. *Stolam gloriæ induit eum.*

Aller au devant des pestiférés et leur prodiguer ses soins, c'est une action méritoire, familière aux âmes saintes ; mais les guérir par un simple attouchement, une invocation ou un acte de sa volonté, c'est être l'agent d'une puissance surnaturelle. — Après s'être fait le serviteur des pestiférés pour l'amour de Jésus-Christ, Roch a mérité d'en devenir le *guérisseur,* nouveau titre de gloire pour notre saint, *stolam gloriæ induit eum.*

Un biographe contemporain (2), de l'école des Montalembert, nous a présenté sa vie sous ce titre, et je ne sache pas qu'on ait encore plus délicatement pensé ni plus finement écrit sur notre compatriote.

Dès que Roch eut exercé son ministère de charité dans la ville

---

(1) « *Quam pulchri super montes pedes annuntiantis et prædicantis pacem, annuntiantis bonum....* » Is., LII, 7.

(2) *L'admirable guérisseur de Montpellier,* l'abbé Saumade, chez Calas, libraire.

d'Acquapendente, « beaucoup d'agonisants, disent les chroniqueurs, reprirent contre toute espérance force et santé, parce qu'il avait invoqué sur eux le nom béni du Seigneur Jésus. En leur touchant la main, d'autres se sentirent guéris.... On le vit tracer avec une grande dévotion le signe de la croix sur des plaies livides, et ces plaies disparurent ». A peine était-il arrivé dans Césène qu'on disait de lui des merveilles : on racontait qu'un jeune pèlerin était entré dans la ville au moment où toutes les familles pleuraient quelque deuil, — qu'on l'avait vu s'agenouiller devant la Madone, — que des anges l'avaient pris par la main pour l'introduire dans la cité, et que chaque fois qu'il avait formé sur les malades le signe auguste de la rédemption, ils avaient miraculeusement recouvré leurs forces.

Le bruit de ces miracles précédait son arrivée dans les localités voisines. Partout le fléau diminuait peu à peu, disparaissait enfin, vaincu par cette charité qui fait reculer la mort par ses saintes audaces et qui triomphe parfois de sa puissance, en se mesurant avec elle, *fortis est ut mors dilectio* (1). C'est ainsi que ce nouveau chevalier accomplissait les gestes de Dieu : — *gesta Dei per Rochum.*

Des bords de l'Adriatique la peste s'était abattue sur Rome, Roch l'y suivit et vint frapper, en y arrivant, à la porte de l'hospice du Saint Esprit, où déjà Montpellier avait envoyé un de ses nobles enfants, Gui, fils de Guillem VII et de Mathilde de Bourgogne. Ce bienheureux y avait opéré, quelques années avant, des prodiges de dévouement avec les religieux de son ordre et contribué par ses largesses à en faire le premier hospice de Rome. Roch venait y continuer ces traditions de charité, dont notre ville a toujours gardé le secret.

M. F., lorsque, il y a quelques mois, je vis à l'exposition vaticane la statue de Roch, qui atteste si bien votre piété envers le Souverain Pontife et où, sur un socle de porphyre, deux écussons rappellent en lettres d'or le nom de deux papes, associés à notre histoire locale : Urbain, fondateur de l'Université de Montpellier; Clément, professeur et recteur de cette faculté , je sentis en moi un frisson de joie et de bonheur; mais tout à coup je me pris à considérer que Montpellier n'avait pas été vaincu en générosité. Pour deux fleurs de science, elle avait envoyé deux fleurs de sainteté : pour Urbain, Fondateur, et Clément, Professeur,

---

(1) Cant. VIII, 6.

elle avait envoyé Gui, le Bienheureux et Roch, le Saint. — Science et sainteté, quand donc marcherez-vous de pair, la main dans la main, comme il convient à deux sœurs, envoyées du ciel par le père des hommes pour charmer, adoucir ou éclairer notre existence ? Un jour peut-être, dans cette union sacrée de la science et de la foi, que l'Eglise appelle et prépare avec tant de sollicitude, les saints et les savants s'embrasseront sur ce nouveau Thabor, en reconnaissant leur commune origine. Alors la statue de Roch aura sa place, non-seulement dans nos églises, mais encore sous le portique de nos écoles avec cette devise : A celui qui guérit les hommes par la *foi* et la *charité,* hommage et reconnaissance de ceux qui guérissent par la *science.*

Hâtons-nous, M. F... Je ne vous raconterai pas les œuvres extraordinaires que notre Bienheureux accomplit à Rome, ni la guérison si touchante du cardinal Brittonique, qui garda jusqu'à la fin de sa vie l'empreinte des doigts de son guérisseur visiblement marquée sur son front. Le fléau disparut peu à peu, grâce à tant de prières et de miracles....... Mais l'amour du sacrifice avait élargi la route. La Lombardie attendait un sauveur ; l'heure du départ avait sonné.

Plus d'une fois, pendant les trois ans qu'il fit séjour à Rome, Roch avait visité le tombeau des saints Apôtres. Jadis il avait tout quitté, biens, famille et patrie pour l'honneur de baiser cette noble poussière et pour la consolation d'y répandre son cœur. Que de saintes émotions il y avait goûtées et que de douces larmes il y avait versées ! Il va partir maintenant, et, comme ces preux chevaliers qui, vainqueurs dans maints combats, viennent déposer leur épée sur les autels du Seigneur, priant Dieu de donner encore à leur arme une trempe nouvelle pour les combats de l'avenir, il vient lui aussi retremper son âme une dernière fois à l'autel des saints Apôtres et l'aiguiser, en quelque sorte, pour de nouvelles victoires : car, malgré ses hauts faits et sa gloire, il manquait à Roch ce quelque chose d'achevé que donne le malheur, ce je ne sais quoi de divin qui permet à Dieu d'être fier de ses Saints dans l'assemblée des Anges. Satan n'osa-t'il pas un jour reprocher à Dieu d'avoir pour ses élus une admiration trop facile (1), et ne déclara-t-il pas que la patience et la résignation héroïques de Job au milieu de ses épouvantables malheurs ne

---

(1) « *Numquid considerasti servum meum Job, quod non sit ei similis in terra, homo simplex, et rectus, ac timens Deum et recedens a malo.* » Job, I, 8 et II, 3.

devaient être comptées pour rien tant que sa peau restait sauve ? « *pellem pro pelle* (1) », s'écria-t-il. — Seigneur, attaquez son corps, meurtrissez-le, et vous verrez si sa foi et sa charité ne seront pas chancelantes ? — Et bien oui, glorieux saint Roch, l'épreuve ne vous sera pas ménagée ; infirmier et guérisseur, vous allez devenir à votre tour un *pestiféré*. Il faut bien que nous ayons le droit d'être fier de vous devant vos détracteurs : *pellem pro pelle !* titre le plus précieux de votre gloire. *Stolam gloriæ induit eum.*

Après avoir parcouru en divers sens la Haute-Italie, Roch était arrivé dans la ville de Plaisance. Un signe de croix, disent les chroniques, avait suffi pour chasser le fléau. La ville était sauvée lorsqu'il fut frappé lui-même du mal contagieux dont il avait délivré les autres. Son corps fut dévoré par une fièvre ardente et à la cuisse surtout des douleurs intolérables se firent sentir, comme si un glaive aigu l'eût percé de part en part. La violence du mal lui arrachait des cris lamentables. Dans cette adversité, personne ne s'offrit pour lui rendre service. Ses clameurs même provoquèrent un tel mécontentement qu'il fut obligé de quitter l'hospice et de se traîner péniblement hors de la ville. Il se dirigea sans murmure vers la forêt de Sarmato, qui s'ouvrait aux portes de Plaisance. Là, enfoncé dans un rocher qui lui servait de cabane, il s'humiliait devant le Seigneur qui, disait-il, lui faisait expier si justement tous ses péchés et toutes ses négligences envers les pauvres malades. Dans sa détresse, il appela le Seigneur, et le Seigneur entendit sa prière (2), il versa dans son âme de douces consolations (3) et lui envoya un chien, *bienfaisant pourvoyeur* (4), qui lui apportait chaque jour sa nourriture, lui léchait les mains et poussait de joyeux aboiements.

Ce qui a le plus impressionné les hommes dans la vie de notre Saint, ce n'est, je crois, ni l'héroïsme de sa charité ni les merveilles de ses gué-

---

(1) « *Cui respondens Satan, ait : Pellem pro pelle, et cuncta quæ habet homo dabit pro anima sua. Alioquin mitte manum tuam, et tange os ejus et carnem, et tunc videbis quod in faciem benedicat tibi...* » Job, II, 4, 5.

(2) « *Clamabit ad me et ego exaudiam eum ; cum ipso sum in tribulatione, eripiam eum et glorificabo eum.* » Ps., XC, 15.

(3) « *Consolationes tuæ lætificaverunt animam meam.* » XCIII, 19.

(4) « *Dominus regit me et nihit mihi deerit.* » Ps. XXII, I Csr. ; Is., XL, II.

risons, mais sa patience et sa résignation invincibles dans la souffrance. Lorsque la statuaire a voulu frapper son image sur le fer ou sur le marbre et lui donner une expression digne de l'admiration populaire, elle nous l'a représentée dans cette attitude que les siècles ont consacrée : Roch, debout, transfiguré par le malheur, montrant lui-même la plaie qui fut l'objet de si affreuses tortures, ayant à ses côtés un chien fidèle, touchante manifestation de la bonté de Dieu. Il semble qu'elle ait voulu nous représenter Roch par le côté le plus accessible à notre imitation, ou, mieux encore, le préconiser par avance comme un patron de l'Eglise universelle : y a-t-il, en effet, sur cette terre un seul homme qui soit dispensé de payer le tribut à la souffrance ou au malheur ?

Chrétiens, quand viendra le jour de l'épreuve, ne murmurez pas contre les décrets rigoureux du Seigneur. Auriez-vous servi Dieu avec autant de fidélité que Roch, auriez-vous guéri comme lui des villes et des provinces, ne soyez pas surpris de l'ingratitude et de la méchanceté des hommes. Portez chrétiennement vos malheurs et ne vous méfiez jamais de la providence du Père céleste. Tous vos amis pourront vous délaisser, vos parents, votre mère elle-même vous abandonner ; mais, sachez-le bien, vous trouverez toujours, quand il le faudra, *un chien*, fidèle messager de la Providence, pour lécher vos blessures et vous porter le pain de chaque jour.

Pourquoi Dieu a-t-il permis que l'ange de la souffrance vînt frapper de son dard le plus acéré le corps de notre Saint ? Ecoutez cette histoire :

Non loin de la hutte où Roch gémissait et souffrait, vivait dans un vaste manoir un riche seigneur, ami de la chasse et des joyeux festins. Ayant remarqué plusieurs fois qu'un de ses chiens prenait la fuite le matin, emportant un pain entier, il eut un jour la curiosité de le suivre. Il s'enfonce avec lui dans la forêt et le voit déposer son fardeau auprès d'un jeune homme, étendu par terre. Il allait s'approcher quand une voix s'écrie : N'avancez-pas, je suis infecté de la peste. A ce mot, il a peur et s'enfuit. Mais, comme il avait l'âme droite et bonne, pendant la nuit le remords touche son âme ; il revient le lendemain auprès de l'étranger, lui propose de le prendre dans son château pour le faire soigner. Roch refuse. Le seigneur n'insiste pas ; il se contente de venir le visiter. Roch lui parle chaque jour des douceurs de la souffrance, de la vanité des choses d'ici bas, du bonheur de servir le divin Maître, si bien que, en peu de temps, cette âme est transformée. Gothard Palastrelli quitte le siècle, abandonne plaisirs et richesses et se retire sur un des sommets les plus élevés de la chaîne des Apennins pour y mener une vie pénitente et devenir lui-même un grand saint.

Quelle œuvre ! quelle gloire ! mais par quelles lois mystérieuses elle a été réalisée !—Depuis que Jésus-Christ a donné sa vie pour l'humanité coupable, nous savons qu'il ne se fait rien de grand dans le monde sans effusion de sang, *sine sanguinis effusione non fit remissio* (1) ; il faut que l'homme ajoute ses propres souffrances à celles du Maître pour que le sang divin soit véritablement rédempteur, *adimpleo ea quæ desunt passionum Christi in carne meâ* (2). Oh, qu'il est grand le mystère de la douleur !... Gothard ne serait peut-être jamais devenu un saint, si Roch avait moins souffert !....

Chrétiens, qui gémissez dans les tristesses de l'âme, dans les angoisses du cœur ou les souffrances d'un mal physique, consolez-vous aujourd'hui. Votre passion, unie à celle du divin Maître, peut encore transformer les âmes et enfanter des saints. Soyez courageux dans l'adversité. Tous les Gothard n'ont pas encore trouvé le chemin du paradis ; votre souffrance chrétiennement acceptée sera peut-être le char de triomphe qui les y conduira.

Quelques jours après le départ de son fils spirituel, notre Bienheureux, pendant son sommeil, entendit une voix qui lui disait : « Roch, fidèle serviteur de Dieu, la santé t'est rendue ; il est temps de retourner dans ta patrie. »

Voilà plus de neuf ans que notre compatriote a quitté son pays : il y revient après avoir noblement travaillé pour son Maître et s'être distingué dans de saintes palestres.

Quel est ce Chevalier qui nous arrive de la terre d'Edom, portant sur son vêtement la trace glorieuse de ses exploits ! *Qui est iste qui venit de Edom, tinctis vestibus de Bosra* (3) ! Que sa parure est riche et noblement portée ! *Iste formosus in stolâ suâ !* — C'est le Seigneur lui-même qui l'en a revêtu sur le champ de l'honneur, *stolam gloriæ induit eum Dominus.*

Vive Roch l'infirmier, le guérisseur, le pestiféré et le convertisseur !!

Chrétiens, chantons et bénissons le Seigneur, car en célébrant les

---

(1) Hebr., XI, 22. — (2) Col., I, 24. — (3) Is., LXIII, 1.

œuvres de ses Saints, nous ne faisons qu'exalter sa puissance, *exaltare, Domine, in virtute tua* (1). Le Dieu qui donne la gloire est aussi celui qui inspire les grandes actions, *Dominus virtutum ipse est rex gloriæ* (2).

IV

Et ad portas paradisi coronavit eum.
Il l'a couronné sur le seuil du paradis.

Quand Dieu veut illustrer un de ses élus parmi les hommes, il n'attend pas toujours l'heure de l'éternité, *et ad portas paradisi coronavit eum.*

Celui qui jadis tira Joseph de la prison pour en faire un vice-roi d'Egypte et qui descendit dans la mansarde de Germaine pour changer en fleurs odorantes le pain qu'elle offrait aux malheureux est aussi celui qui envoya ses anges dans la prison de Roch, y fit briller une clarté mystérieuse et déclara par un privilège authentique que la prière du bienheureux avait été exaucée.

Eh quoi ! Roch dans une prison ? est-ce un châtiment ou une méprise ?

Au moment où le serviteur de Dieu entrait dans notre ville après une si longue absence, Montpellier était devenu le théâtre des plus vives hostilités. Le roi d'Aragon et de Majorque se disputaient la possession de ce riche fief. Bien que les portes de la cité fussent gardées, notre pèlerin avait pénétré jusqu'au centre et s'était assis sur un banc de pierre, accablé par la fatigue. En voyant cet étranger déguenillé, poudreux, la barbe en désordre, on le prend pour un espion. Il comparaît aussitôt devant le tribunal de Guillaume de la Croix. Roch n'a pas de peine à reconnaître son oncle. Il n'avait qu'à se nommer et à montrer sa poitrine pour retrouver la liberté et l'honneur ; mais à toutes les questions qu'on lui adresse, il se contente de répondre : Je suis un pauvre pèlerin. Dès lors les soupçons paraissent fondés ; on le jette dans une prison où il demeure enseveli pendant cinq ans, heureux d'avoir été méconnu, de souffrir pour son divin Maître, et de prier dans le silence, loin du regard et loin de l'attention des hommes.

---

(1) Ps., xx, 14. — (2) Ps., xxiii, 10.

Mais c'est en vain, ô Roch, que vous jouissez de votre obscurité. Fidèle à vos recommandations, Acquapendente n'a pas encore trahi le secret de votre nom ; Gothard n'a pu le redire qu'aux échos de la montagne ; le Souverain Pontife n'a jamais su de vous l'heureux pays qui vous avait donné le jour ; Dieu lui-même s'est chargé de cette indiscrétion.

Naguère encore les habitants de Césène l'avaient pris pour un *ange ;* le cardinal Brittonique l'avait vénéré comme un *saint*, et le Souverain Pontife, frappé de l'éclat de son visage, l'avait déclaré *bienheureux.* Dieu n'a pas voulu que ce prisonnier volontaire fût enseveli dans l'oubli, que son nom fût perdu dans la mémoire des hommes et que nous fussions privé de la joie de savoir qu'un saint était mort dans nos murs. D'ailleurs, Roch n'était-il pas notre frère ? n'avait-il pas respiré ici pendant vingt ans l'atmosphère de la piété la plus pure ? N'avait-il pas appris de nos aïeux la science qui fait les saints ? N'était-il pas juste, enfin, que la gloire de ses œuvres réjaillît jusqu'à nous ? Sans doute Dieu n'a pas permis que nous fussions témoins de ses œuvres, mais, par une délicatesse infinie, il a voulu que, puisque Montpellier l'avait fait grand dans la vertu, cette vertu resplendît ici de son plus vif éclat ; il a voulu que nous apprenions à estimer les hommes plus par leurs vertus que par leurs miracles, et que nous sachions bien que Roch, prisonnier volontaire, *servus Jesu-Christi*, acceptant la souffrance et l'humiliation pour l'amour de son Maître, avait été plus grand dans sa prison que dans l'exercice de ses hautes œuvres.

Oh ! qui dira son humilité, son esprit de pénitence, son amour de la prière, ces trois vertus qui ont fait dans l'Église tant de nobles chrétiens, tant de fidèles chevaliers, sans reproche devant Dieu comme sans peur devant les hommes ?

Il faudrait reprendre en sous-œuvre la vie de notre Saint afin de suivre dans le détail les manifestations si touchantes de la grâce de Dieu, formant et développant dans cette âme ces germes divins. Quel magnifique horizon s'ouvrirait devant nous, si nous voulions nous engager dans cette étude !... Je la propose à vos méditations et je me hâte de conclure pour ne pas abuser de votre bienveillante attention.

Il y avait déjà cinq ans que Roch pratiquait ces grandes vertus et qu'il jouissait, dans l'héroïsme de sa charité, d'avoir été méconnu, abandonné de tous les hommes. Sentant sa fin prochaine, il fit appeler un prêtre et reçut les derniers sacrements avec une grande édification. C'est alors que Dieu se chargea de le couronner, *et ad portas paradisi coronavit eum.*

Une clarté lumineuse resplendit alors dans cette prison ; une beauté surnaturelle illumine le visage du prisonnier, des voix mystérieuses se font entendre. Le prêtre, témoin de ces merveilles, va les raconter au gouverneur et aux magistrats de la cité.

Roch adresse au ciel une dernière prière : « Seigneur, dit-il, par la vertu de votre sainte croix, faites que tous ceux qui vous invoqueront dans la peste, en se souvenant de mon nom, soient délivrés de la contagion et de la mort. » Ce disant, il expira le 16 août 1327, âgé de 32 ans.

Le gouverneur arrive bientôt dans la prison, trouve le corps du Saint, étendu sur un pauvre grabat et voit à ses côtés une tablette, portant en caractères d'or l'attestation du privilège que Dieu venait d'accorder à son serviteur : « Tous ceux qui dans la peste invoqueront désormais le nom de saint Roch seront délivrés de ce mal contagieux. »

Montpellier ne tarde pas à reconnaître son compatriote, le fils de Jean Roch de la Croix, l'enfant béni et marqué par Dieu au jour de sa naissance, le p'lerin, le chevalier de la vertu ; l'histoire du culte de saint Roch s'ouvre dans sa prison, *et ad portas paradisi coronavit eum.*

M. F., que cet éloge de notre Saint ne soit pas stérile pour nos âmes ! Malheur à la science qui n'apprend pas les hommes à aimer ! Puisse le nom de saint Roch vous devenir chaque jour plus cher, ses vertus plus précieuses, et sa vie plus capable d'inspirer la vôtre !

En quelque situation que la Providence vous jette, Roch vous y a précédés :

Êtes-vous riches ? Roch a été fils d'un Seigneur ; il a connu l'opulence dans la maison de son père ;

Êtes-vous pauvres ? Roch a vendu tous ses biens ; il a vécu dans l'indigence, il a mendié sa nourriture, il a mangé le pain noir de la prison ;

Êtes-vous honoré ? Roch a entendu comme vous son nom béni et exalté mille fois par les hommes ;

Êtes-vous trahi ou persécuté ? Roch l'a été comme vous, et, sans un secours particulier de la Providence, il serait mort dans une forêt, caché dans le creux d'un rocher, abandonné de tous ;

Êtes-vous aux prises avec la souffrance ? Roch en a ressenti toutes les amertumes.

Êtes-vous préoccupé de la conversion d'une âme chère ? Roch a donné un saint à l'Église par ses prières, ses exhortations et ses exemples ;

Votre cœur sensible s'émeut-il sur les souffrances des hommes? Roch a porté secours à toutes les infortunes; il a demandé à Dieu, avant de mourir, que son nom fût secourable aux malheureux et particulièrement aux pauvres pestiférés;

Enfin, êtes-vous chevalier de la vertu et vous faut-il un blason pour honorer ce titre? n'en cherchez pas d'autre que celui de Roch : un chapeau et une croix; — le chapeau du pèlerin et la croix du chrétien, symboles de votre destinée. Qui d'entre vous n'est pas *pèlerin* sur cette terre, et qui peut arriver au ciel sans porter *sa croix*, tous les jours?

Chrétiens, aimez donc saint Roch, invoquez son nom, imitez ses vertus et souvenez-vous que :

> Tout Montpellierain doit avoir ~~deux~~ patrons :
> Saint Roch et puis le sien...